Kritik als Führungsinstrument
Techniken zum konstruktiven
Kritisieren

STUDIENARBEIT

FACHHOCHSCHULE KÖLN

Inhalt

1.   Einleitung

Um ihre Aufgaben richtig erfüllen zu können, brauchen Mitarbeiter nicht nur Informationen über an sie gestellte Anforderungen und konkrete Zielvorgaben, sondern auch Rückmeldungen von ihren Vorgesetzten in Bezug auf ihre Leistungen. Feedback ist ein Führungsinstrument zur Beeinflussung des Verhaltens der Mitarbeiter durch Kommunikation und zur Steigerung ihrer Motivation und Arbeitszufriedenheit. Kritik aussprechen gehört auch zum Feedback. Für den Vorgesetzten ist es wichtig, das fehlerhafte Verhalten seiner Mitarbeiter anzusprechen, damit sie in Zukunft ihre Leistungen verbessern können. Aber in der Praxis haben Kritikgespräche oft eine beleidigende und demotivierende Wirkung. Meistens erleben Mitarbeiter Kritik nicht nur als Demonstration von Dominanz und Verlust an persönlicher Wertschätzung, sondern auch als Bedrohung ihrer beruflichen Existenz.[1]

Warum verfehlen Kritikgespräche oft ihr Ziel? Und was macht ein erfolgreiches Kritikgespräch aus? Unsere Hausarbeit beschäftigt sich mit der Bedeutung und Funktion von Kritikgesprächen und den möglichen Problemen bei deren Einsatz als Führungsinstrument, um daraus geeignete Lösungsvorschläge für eine gelungene Kritik am Mitarbeiter abzuleiten.

---

[1] Pawlowski, Riebensahm, 1998, S. 325 f

Im zweiten Kapitel unserer Hausarbeit betrachten wir wichtige Aspekte der Kommunikation, die wir später als Grundlage für eine detaillierte Analyse von Kritikgesprächen verwenden. Im dritten Kapitel beschäftigen wir uns mit der Bedeutung und Funktion von Feedback, bzw. Kritik als eine Form von negativem Feedback. Danach konzentrieren wir uns im vierten Kapitel auf das Kritikgespräch. Wir setzen uns mit den möglichen Problemen auseinander und leiten daraus Lösungsansätze für den erfolgreichen Einsatz von Kritikgesprächen als Führungsinstrument ab.

2. Kommunikation
2.1. Definition

Eines der bekanntesten Modelle, das Kommunikation allgemein beschreibt, wurde von Shannon/Weaver entwickelt. In seiner vereinfachten Form wird Kommunikation als Übertragung einer Nachricht von einem Sender auf einen Empfänger dargestellt. Der Sender benutzt seinen eigenen Zeichenvorrat (Sprache, Gestik, Mimik, Bilder usw.), um seine Botschaft zu kodieren.[2] Somit ist jedes Verhalten in einer zwischenmenschlichen Situation Kommunikation.[3] Der Empfänger entschlüsselt die Botschaft, indem er seinen eigenen Zeichenvorrat benutzt.

2.2. Wahrnehmung

Beim Entschlüsseln der kodierten Botschaft spielen die spezifischen Wahrnehmungsmuster des Empfängers eine zentrale Rolle. Die menschliche Wahrnehmung ist subjektiv und selektiv, was zu vielen Missverständnissen und Kommunikationsproblemen führt. Das Phänomen selektive Wahrnehmung ist ein Prozess, bei dem nur bestimmte Aspekte der Umwelt wahrgenommen und andere ausgeblendet werden. Einerseits schützt uns die selektive Wahrnehmung vor Reizüberflutung und gibt uns Sicherheit und schnelle Orientierung in einer

---

[2] Vgl. Wahren 1987, S29
[3] Vgl. Watzlawick 1980, S. 53

äußerst komplexen Umwelt.[4] Andererseits ist sie häufig die Ursache für Wahrnehmungsverzerrungen, wenn nur bestimmte Aspekte der Umwelt registriert werden und viele wichtige Signale unberücksichtigt bleiben. Wichtige Aspekte der selektiven Wahrnehmung sind:

1. Sozialisation;

2. Affekte;

3. Situation und Kontext

2.2.1. Sozialisation

Die selektive Wahrnehmung einer Person wird durch Erziehung, Erfahrung in Schule, Freundeskreis und Arbeitswelt geprägt. Der individuelle Lebensraum des Mitarbeiters wirkt sich im Rahmen eines Gesprächs mit dem Vorgesetzen in Form von Überzeugungen, Werten und Grundannahmen aus.

Diese Aspekte der Persönlichkeit führen zu konkreten Wahrnehmungserwartungen in Form von Hypothesen über Eigenschaften und Verhaltensweisen von anderen Menschen, die sich durch vergangene Erfahrungen gebildet haben.

Die Wahrnehmung wird an diesen Mustern angepasst, indem nur bestimmte Verhaltensaspekte beachtet und

---

[4] Vgl. Sabel 1993, S.99

andere ausgeblendet werden. Beispiele dafür sind Vorurteile (auf früheren Erfahrungen basierende Stereotype in Bezug auf bestimmte soziale Gruppen), Halo-Effekt (Überbewertung eines positiven Merkmals und dessen Übertragung auf andere Sachverhalte), Primacy-Effekt (Der Vorrang des ersten Eindrucks über spätere Eindrücke).[5]

2.2.2. Affekte

„Affekt wird sowohl als Bezeichnung für jede Art von Emotionen als auch einschränkend für besonders intensive Emotionen bei gleichzeitig herab-gesetzter rationaler Einflussnahme verwendet."[6] Affekte sind ein zentraler Faktor im Wahrnehmungsprozess. Da die menschlichen Sinnesorgane nur eine begrenzte Aufnahmefähigkeit innerhalb einer individuellen Bandbreite besitzen, können Affekte schnell unsere Wahrnehmung verzerren.[7] Wenn der Mitarbeiter sich beleidigt und angegriffen fühlt, wird sich seine selektive Wahrnehmung ausschließlich auf diesen Affekt konzentrieren.

---

[5] Vgl. Sabel 1993, S.100
[6] Köck P. & Ott H. 1994, S. 14
[7] Vgl. Sabel, S. 100

2.2.3. Situation und Kontext

Die Wahrnehmung wird auch von der konkreten Situation beeinflusst. Die Raumgröße, die Beleuchtung, die Einrichtung spielen eine wichtige Rolle bei der Gesprächsführung. Ebenso großen Einfluss auf den Gesprächsverlauf haben Sitzordnung, Dauer und Zeitpunkt des Gespräches.[8]

2.3. Das 4-Seiten-Modell von Schulz von Thun

Um die einzelnen Komponenten einer Botschaft untersuchen zu können, brauchen wir ein geeignetes Modell, das Kommunikation in sinnvolle Aspekte zerlegt. Schulz von Thun macht eine Differenzierung der wichtigsten kommunikativen Ebenen. Sein Modell eignet sich vor allem zur Analyse konkreter Mitteilungen und zur Aufdeckung einer Vielzahl von Kommunikationsstörungen, aber auch zur Gliederung des gesamten Problemfeldes.

Schulz von Thun[9] beschreibt Kommunikation, indem er die vier Seiten einer Nachricht in der Form eines Quadrats mit den Seiten: Sachinhalt, Appell, Beziehung und Selbstoffenbarung darstellt. Hierzu siehe Abb.1. Jede

---

[8] vgl. Sabel, S.100
[9] vgl. Schulz von Thun 1981, S.14

Nachricht enthält gleichzeitig viele Botschaften. Jede Botschaft kann einer Seite des Quadrats zugeordnet werden, wobei jede Seite prinzipiell gleichrangig ist.. Die Botschaften können explizit oder implizit sein. Explizit ist das, was ausdrücklich gesagt wird. Bei impliziten Botschaften wird nicht direkt artikuliert, was gemeint ist, sondern "zwischen den Zeilen" gesendet. Implizite Botschaften werden meistens nonverbal übermittelt.

Die verschiedenen Botschaften einer Nachricht können sich widersprechen. In diesem Fall spricht man von inkongruenten Botschaften, die fast immer zu Missverständnissen führen. Nachrichten, in denen gesendete Signale in die gleiche Richtung weisen, sind kongruent.

2.3.1. Sachseite

Der erste Aspekt einer Nachricht ist die Sachinformation. Inhalte der Sachseite sind: Tatsachen, sachliche Informationen zu bestimmten Themen. Sie werden digital übermittelt, d.h. durch Worte, Zahlen, Abbildungen u.a.[10] Im Unternehmen hat die Sachseite eine große Bedeutung, weil das Hauptziel des Unternehmens darin besteht, Sachziele zu erreichen. Somit ist eine sachliche Auseinandersetzung mit den verschiedenen Problemen und Handlungsalternativen erforderlich. Zur Vermei-

---

[10] vgl. Wahren 1987, S.96

dung von Kommunikationsstörungen auf dieser Seite soll der Sender bei der Informationsübermittlung folgende Aspekte beachten:

1. Einfachheit der Nachricht;

2. Gliederungsordnung der Informationen;

3. Kürze und Prägnanz;

4. Stimulierende Hilfs-mittel (graphische Darstellungen, bildliche Sprache, Analogien u.a.).[11]

2.3.2. Selbstoffenbarungsseite

Auf dieser Seite der Nachricht übermittelt der Sender Informationen über sich selbst meistens in impliziter Form. Selbstoffenbarung umfasst sowohl Selbstdarstellung, als auch Selbstenthüllung. Selbstdarstellung ist die "bewusste, gezielte Darstellung der eigenen Person"[12] mit der Absicht einen bestimmten Eindruck bei einem Publikum zu hinterlassen. Selbstenthüllung und Selbstdarstellung in Unternehmen sind Mittel zur Durchsetzung des eigenen Standpunkts, der eigenen Ideen und Bedürfnisse. Es besteht die Forderung nach Offenheit und Authentizität.

---

[11] vgl. Sabel S. 93
[12] Wahren S.116

2.3.3. Appellseite

Durch Appelle wird versucht, bestimmte Wirkungen beim Gesprächspartner zu erzielen. Appelle sind ein Mittel zur Beeinflussung der Mitarbeiter. Der Vorgesetzte kann damit seine Untergebene veranlassen, bestimmte Dinge zu tun oder zu unterlassen. Er kann seine Machtposition dazu gebrauchen, um seine Ziele bei den Mitarbeitern durchzusetzen. Ein anderes Mittel zur Verhaltensbeeinflussung ist Überzeugen durch Dialektik. "Im Vordergrund steht das Ziel, den anderen - auch durch den gezielten Einsatz sprachlicher und rhetorischer Mittel sowie die Gestaltung des Kontext - vom eigenen Standpunkt zu überzeugen."[13].

2.3.4. Beziehungsseite

Der letzte Aspekt der Nachricht ist die Beziehung zwischen Sender und Empfänger. Hier bringt der Sender meistens in impliziter Form (Wortwahl, Körpersprache, Tonfall u.a.) zum Ausdruck, wie er zum Empfänger steht, welche Meinung er von ihm hat, wie er sein Verhalten beurteilt. Die Summe der verschiedenen nonverbalen Beziehungshinweise lässt sich laut Argyle in vier Dimensionen unterteilen:

---

[13] Wahren S.103

1. Affiliation (positive soziale Einstellungen wie Freundschaft, Anerkennung, Wertschätzung u.a.);

2. Ablehnung (feind-selige Haltungen wie Aggression, Missachtung, Herabsetzung u.a.);

3. Dominanz (Demonstration der Unterschiede in Macht und Status);

4. Unterwürfigkeit (Suche nach einer Abhängigkeitsbeziehung). [14]

Für diese Seite der Botschaft hat der Empfänger ein besonders empfindliches Ohr. Die meisten Kommunikationsstörungen in Kritikgesprächen, die zu schmerzenden Erfahrungen führen, befinden sich auf der Beziehungsebene.

2.4. Das Mitarbeitergespräch

Die Rolle des Vorgesetzten hat sich im Vergleich zu früher deutlich verändert. Während die Fachkompetenz der Führungskräfte heutzutage als selbstverständlich vorausgesetzt wird, liegt der Schwerpunkt der Führungskompetenzen auf den sozialkommunikativen und persönlichen Kompetenzen und den sich daraus ergebenen Methodenkompetenzen. Führungskräfte müssen sich zunehmend mit ihren Mitarbeitern auseinanderset-

---

[14] vgl. Argyle 1982, S. 117f

zen und auf diese eingehen. „Der Begriff Mitarbeiterorientierung bezeichnet eine Grundhaltung innerhalb der Unternehmung, bei der jeder einzelne Mitarbeiter als bedeutendes Problemlösungs- und Kreativitätspotential betrachtet und dementsprechend behandelt wird."[15] Mitarbeitergespräche dienen der Kommunikation über Fähigkeiten, Bedürfnisse und Perspektiven der Mitarbeiter und stellen damit ein wichtiges Instrument dar, um den Ansprüchen der Mitarbeiter gerecht zu werden.[16] Mitarbeitergespräche sind Gespräche zwischen Führungskraft und Mitarbeiter, in denen die Beteiligten regelmäßig, bei Bedarf oder zu bestimmten Anlässen spezifische Arbeitsinhalte besprechen. Sie sind meistens strukturiert und finden unter vier Augen statt. Indem sie immer einen bestimmten Sachverhalt oder eine Zielsetzung haben, unterscheiden sie sich von den Alltagsgesprächen.[17] Sie sollen bewusst und strukturiert eingesetzt werden, indem Gesprächsführung, Ziele, Inhalte, Vorgehensweisen usw. nach bestimmten Konzepten und Strukturen ausgerichtet werden. Je nach Anlass unterscheiden sich Mitarbeitergespräche hinsichtlich ihrer Struktur und Zielsetzung.

---

[15] Bullinger, Warnecke, Westkämper, 2003, S. 371.

[16] Vgl. Petz, 2002, S. 11.

[17] Vgl. Mentzel / Grotzfeld / Haup 2006, S.13

3. Feedback
3.1. Definition

Feedback ist ein englisches Wort und direkt übersetzt bedeutet es Rückgabe, bzw. Rückmeldung. Als Feedback bezeichnet man eine verbale oder nonverbale Kommunikationsform, die man einsetzt, um einer oder mehreren Personen Rückmeldung über ihr Verhalten zu geben.[18] Ziel dabei ist es, mehr über sich zu erfahren (Feedback bekommen) und dem Gesprächspartner eigene Ansichten über sein Verhalten mitzuteilen (Feedback geben). Das Johari-Fenster mit seinen vier Fensterfeldern schafft einen Rahmen für den Vergleich der Fremdbilder (wie andere die betroffene Person sehen) und der Selbstbilder (wie die betroffene Person sich selbst sieht) bildet.[19] Das Ziel von Feedbackgesprächen ist den „blinden Fleck" zu verkleinern und das Eigen- und Fremdbild besser aufeinander abzustimmen.

3.2. Feedback als Führungsinstrument

Laut Rosenstiel besteht die Hauptaufgabe einer Führungskraft in der bewussten und zielgerichteten Einflussnahme von bestimmten Personen in Organisationen

---

[18]Vgl. http://www.iim.uni-
flens-
burg.de/ao/upload/lehre/WiSe0708/Handout_zum_ThemaENDE.pdf
[19] Vgl. Mentzel / Grotzfeld / Haub, 2006, S. 20 f.

mithilfe von Kommunikationsmitteln.[20] Somit ist Feedback eines der wichtigsten Führungsinstrumente, das als kommunikatives Unterstützungssystem zur Steuerung des Verhaltens der Mitarbeiter dient. Durch regelmäßige Rückmeldungen von seinem Vorgesetzten kann der Mitarbeiter abschätzen, ob er auf dem richtigen Weg zur Zielerreichung ist und wie der Vorgesetzte seine Arbeit beurteilt. Feedback hilft auch Missverständnisse auf beiden Seiten zu beseitigen, trägt zur Beziehung zwischen Führungskraft und Mitarbeiter bei und fördert intensiv die Zufriedenheit und Leistungsbereitschaft des Mitarbeiters.

3.2.1. Feedbackinstrumentarium

Grundsätzlich gibt es 2 Arten von Feedback. Die Führungskraft kann entweder mit positiver oder negativer Verstärkung arbeiten. Egal welche Form von Feedback die Führungskraft verwendet, soll unbedingt darauf geachtet werden, es angemessen anzubringen. Nachfolgend stellen wir die einzelnen Feedbackmethoden so angeordnet, dass sie deren zunehmende Bedeutung für die Mitarbeiter und die zunehmende Intensität widerspiegeln:[21]

---

[20] vgl. Rosenstiel, Rüttinger, Molter, 2005, S.313
[21] Vgl. Lorenz, Rohrschneider 2008, S. 202

- **Auf der ersten Stufe** des positiven Feedbacks ist die Würdigung die schwächste Form von positiver Verstärkung. Wenn ein bestimmtes Verhalten, bzw. Leistung des Mitarbeiters oder der Großteil seiner Arbeit zufrieden stellend ist, kann der Vorgesetzte dem Mitarbeiter dadurch motivieren, das positive Verhalten weiter zu zeigen.

- **Auf der zweiten Stufe** des positiven Feedbacks zeigt das Lob für ein Verhalten oder eine Leistung dem Mitarbeiter, dass seine Anstrengungen oder auch die Ergebnisse seiner Bemühungen sichtbar sind, wahrgenommen und für gut gehalten werden. Lob soll nur für konkrete Leistungen und Verhaltensweisen unmittelbar nach ihrem Auftreten ausgesprochen werden

- **Auf der dritten Stufe** geht Anerkennung über das Einzelthema hinaus und bezieht die Person des Mitarbeiters in ihrer Gesamtheit mit in das Lob ein; d.h. es wird die Wirksamkeit des Leistungsverhaltens der jeweiligen Person für das Vorankommen des Bereichs oder der Abteilung gewürdigt.

Die zweite Form des Feedbacks ist das negative Feedback.

- **Auf der ersten Stufe** ist Kritik die schwächste Form des negativen Feedbacks. Bestimmtes Verhalten oder Leistungsergebnis wird kritisiert, d. h. ein Vergleich mit einem definierten Soll-Maßstab vorgenommen.

- **Auf der zweiten Stufe** ist die Steigerungsform der Kritik das Missfallen.

Hier bezieht der Vorgesetzte in seine Kritik auch arbeitsbezogene

Einstellungen und Verhaltensaspekte des Mitarbeiters mit ein.

- **Auf der dritten Ebene** geht es um Untersagung. Das Verhalten oder das Vorgehen des Mitarbeiters soll nicht noch einmal stattfinden, da es definierten Leistungs- oder Verhaltenskriterien eindeutig widerspricht.

- **In der letzten Stufe** ist die Steigerungsform die Androhung von Sanktionen, bzw. Konsequenzen für den Fall, dass das Verhalten wieder auftritt.

3.2.2. Funktionen von Feedback

Rosenstiel unterscheidet drei wichtige Funktionen von Feedback, bzw. Kritik: 1. Informations-, 2. Lern- und 3. Motivationsfunktion.[22]

3.2.2.1 Informationsfunktion

Durch Feedback informiert der Vorgesetzte den Mitarbeiter über den aktuellen Stand seiner Arbeitsleistungen, indem er ihn während einer laufenden Aufgabe auf das Ergebnis einer bestimmten Handlung oder Reaktion aufmerksam macht. Kritik als negatives Feedback zielt darauf ab, den Mitarbeiter über seine Fehler zu informieren und somit den "Blinden Fleck" im Johari-Fenster zu verkleinern. Der Mitarbeiter soll auch eine realistische Vorstellung davon bekommen, wie das Verhältnis zwischen seiner Leistung und den an ihn gestellten Anforderungen ist.

3.2.2.2 Lernfunktion

Feedback soll positive Verhaltensweisen beim Mitarbeiter fördern und stabilisieren und negative verändern. Um das Verhalten der Mitarbeiter in eine konstruktive Richtung zu lenken, muss der Vorgesetzte unterstützend

---

[22] Vgl. Rosenstiel, Regnet, Domsch, Neumann 2003 S. 270

im Lernprozess einwirken. Die Mittel zur Verhaltensbe-einflussung beruhen auf den Prinzipien des operanten Konditionierens. Das Grundprinzip besagt, dass "Ver-haltensweisen, die ein Mensch in einer bestimmten Situ-ation zeigt, dann künftig häufiger auftreten werden, wenn diesem Verhalten positive Konsequenzen - also z.B. Anerkennung - folgen."[23] Die Führungskraft sollte positive Verhaltensweisen fördern. Häufig reagieren Vorgesetzte nur auf Fehler und die guten Leistungen ihrer Mitarbeiter bleiben unberücksichtigt. Damit positi-ve Verstärkung durch Feedback wirkungsvoll ist, soll darauf geachtet werden, dass sie unmittelbar nach dem Auftreten des erwünschten Verhaltens eingesetzt wird.

3.2.2.3 Motivationsfunktion

Definition von Motivation

Unter Motivation versteht man die Verhaltensbereit-schaft zur Aktivität. Maslow entwickelte ein Modell zur Erklärung dieses Phänomens. Nach seiner Theorie ver-fügt jeder Mensch über fünf Bedürfnisebenen, welche hierarchisch zueinander in Beziehung stehen. Er ging davon aus, dass zuerst die Bedürfnisse der jeweils nied-rigeren Ebene befriedigt sein müssen, damit sich das Bedürfnis der darüber liegenden Ebene auf das Verhal-

---

[23] Vgl. Rosenstiel, Regnet, Domsch, Neumann 2003, S.272

ten auswirkt.[24] Die unteren vier Motivebenen nannte er Defizitmotive. Sie treten nach Maslow lediglich bei Mangelzuständen verhaltenswirksam auf. Allerdings führt eine Befriedigung dieser Bedürfnisse nicht zu einem Zustand psychologischen Gleichgewichtes, weil dann das einzige Wachstumsmotiv - Selbstverwirklichung aktiviert wird.

In der Motivation unterscheidet man zwischen extrinsischen und intrinsischen Motiven. Die extrinsische Motivation entsteht durch äußere Anreize. Hier spielen Motive wie das Sicherheitsbedürfnis, Anerkennung, eine gute Zusammenarbeit etc. eine Rolle. Bei der intrinsischen Motivation geht man davon aus, dass der Antrieb für die Motivation aus der Tätigkeit selbst entsteht. Intrinsische Motive wie z.B. eine fordernde abwechslungsreiche Tätigkeit jedoch haben einen größeren Einfluss auf die Arbeitsleistung.

In seiner 2-Faktoren-Theorie der Arbeitsmotivation nimmt Herzberg eine Unterscheidung in *Hygienefaktoren* und *Motivatoren* vor. Unter Hygienefaktoren versteht er die Faktoren der Arbeitswelt, die bei ausreichender Erfüllung zum Abbau von Unzufriedenheit führen, nicht aber gleichzeitig zur Zufriedenheit von Mitarbeitern beitragen, weil sie schnell als selbstverständlich betrachtet werden. Im Gegensatz dazu steigern Motivatoren die Zufriedenheit der Mitarbeiter, aber ihr Fehlen erhöht die

---

[24] vgl. Comelli. Rosenstiel, 2001

Unzufriedenheit nicht nachhaltig. Zu den Hygienefaktoren zählen z.B. das Gehalt, die Arbeitsbedingungen, soziale Beziehungen, die Fachkompetenz der Führungskraft etc. Zu den Motivatoren zählen z.B. Leistung und Erfolg, Anerkennung, die Arbeit an sich, übertragene Verantwortung und Aufstiegsmöglichkeiten. Hygienefaktoren werden also durch extrinsische Motivation befriedigt. Die Motivatoren hingegen beziehen sich eher auf die Tätigkeit an sich und befriedigen vor allem intrinsische Arbeitsmotive.

Feedback als Motivationsinstrument

Der Psychologe McGregor unterschied zwischen zwei extremen Einstellungen, die Führungskräfte ihren Mitarbeitern gegenüber haben können:

-> Vertreter der **Theorie X** gehen davon aus, dass der Mensch von Grund auf faul ist und allein durch Geld oder andere materielle Leistungen motivierbar ist. Intrinsische Motivation eines Arbeitnehmers schließen sie aus.

-> Demgegenüber vertreten Anhänger der **Theorie Y** den Standpunkt, dass Menschen von Natur aus etwas Sinnvolles tun wollen und gern arbeiten, dass sie in der Lage sind, Verantwortung zu übernehmen und sich ganz in den Arbeitsprozess einzubringen. Ihre Motivation besteht in der Arbeit selbst. Die Führungskraft soll die Arbeitsbedingungen so gestalten, dass der Arbeitnehmer seine Fähigkeiten entfalten kann. Dann bedarf es keiner Motivationsstrategien mehr, denn er motiviert sich selbst. Da Selbstmotivation wirksamer ist als Fremdmotivation, soll der Vorgesetzte seinem Mitarbeiter helfen, Selbstmotivation aufzubauen. Feedback kann dabei ein wirkungsvolles Instrument sein.

Regelmäßige Rückmeldungen der Führungskräfte über die Ergebnisse der Arbeit ihrer Mitarbeiter erhöhen die Identifikation der Mitarbeiter mit ihren Aufgaben.[25] Dass sich der Vorgesetzte Zeit für Feedbackgespräche nimmt, zeigt dem Mitarbeitern, wie wichtig er für das Unternehmen ist. Feedback sollte darauf abzielen, die intrinsische Motivation des Mitarbeiters zu steigern. Würdigung, Lob und Anerkennung können den Mitarbeiter stark motivieren, wenn sie angemessen und realistisch sind. Positives Feedback signalisiert dem Mitarbeiter, dass er seine Arbeit gut macht, dass seine Leistung vom Vorgesetzten wahrgenommen und er als Person gefördert wird. Positives Feedback hat auch eine positive Auswirkung auf die Hygienefaktoren und die Motivatoren, indem es die Arbeitsunzufriedenheit reduziert und die Arbeitszufriedenheit steigert.

Im Gegensatz zum positiven Feedback kann Kritik schnell zur Demotivation des Mitarbeiters führen. Beim negativen Feedback soll die Führungskraft darauf ach-

---

[25] Vgl. Rosenstiel, Regnet, Domsch, Neumann 2003, S. 273

ten, wichtige Bedürfnisse des Mitarbeiters nicht zu verletzen, wie z.B. das Streben nach materieller Sicherheit am Arbeitsplatz, das Bedürfnis nach positiven sozialen Beziehungen, nach Anerkennung der persönlichen Leistungen und das Streben nach Selbstverwirklichung durch die Arbeitstätigkeit. Wenn der Vorgesetzte den Mitarbeiter persönlich an-greift, erniedrigt, bedroht, ihm Vorwürfe macht, seine Erfolge vergisst und sich nur meldet, wenn der Mitarbeiter einen Fehler gemacht hat, vermittelt er die Botschaft, dass der Mitarbeiter unfähig ist, gute Arbeit zu leisten. Kritik soll intrinsische Motivation für Veränderung schaffen, d.h. sie soll eine Möglichkeit zur Leistungsverbesserung und persönlichen Selbstverwirklichung auf dem Arbeitsplatz darstellen. Dem Mitarbeiter soll Hoffnung gegeben werden, dass er sein Verhalten ändern kann, seine Anstrengungen sollen auch durch positives Feedback gefördert werden.

4. Das Kritikgespräch
4.1. Definition und Zielsetzung

Das Kritikgespräch gehört zu den schwierigsten Aufgaben einer Führungs-kraft, die sich für den partnerschaftlich-kooperativen Führungsstil entschieden hat. "Mit Kritikgespräch bezeichnet man diejenigen Mitarbeitergespräche, bei denen es um einen konkreten Beanstandungspunkt geht"[26], wie z. B. mangelhaftes Arbeitsergebnis, Terminüberschreitung, unfreundliches Verhalten gegenüber Kunden, u.ä. Kritikgespräche sind die wichtigste Form von negativem Feedback und ein zentraler Führungsinstrument. Sie haben einen enormen Einfluss auf die Arbeitsleistung des Mitarbeiters und seine persönliche Entwicklung im Unternehmen. Gelungene Kritikgespräche erhöhen die Arbeitsproduktivität und haben somit eine direkte Auswirkung auf den Unternehmenserfolg. Jeder macht Fehler. Wichtig ist aber, dass der Mitarbeiter daraus lernt. Das Ziel eines Kritikgesprächs ist, den Gesprächspartner in seinem Verhalten zu korrigieren, um dadurch zukünftige erwünschte Ergebnisse zu erreichen[27], wie z. B. mehr Kundenkontakte pro Tag, Termineinhaltung, weniger Kundenbeschwerden, u.ä. Fehler im Arbeitsprozess sollen klar aufgezeigt und reflektiert werden, um positive Verhaltensänderungen und die persönliche Weiterentwicklung des Mitarbeiters zu fördern. Kritik soll Motivation für Leistungs-

---

[26] Laufer 2009, S. 145
[27] Vgl. Rosenstiel, Regnet, Domsch, Neumann 2003, S. 276

verbesserung schaffen und den Mitarbeiter im Veränderungsprozess unterstützen. Konstruktive Kritik hat laut Fröhlich längerfristig positive Auswirkungen auf folgende Bereiche im Unternehmen: Neuorientierung zwischen Führungskraft und Mitarbeitern, Aufbau des Teams, stressfreie Entwicklung der Unternehmensziele und allgemeine Verbesserung des Arbeitsklimas.[28]

4.2. Kommunikationsfehler im Kritikgespräch

Allgemeine Problematik

Kritikgespräche zählen zu den psychologisch kompliziertesten Mitarbeitergesprächen. Es ist schwieriger Kritik in der richtigen Form auszusprechen als positives Feedback. Häufig führt negatives Feedback zum Gegenteil von dem, was man erreichen wollte. Die Folge ist "ein demotivierter, verärgerter oder resignierter Mitarbeiter"[29] und ein Bruch in der Beziehung zwischen Führungskraft und Mitarbeiter auf der menschlichen Ebene. Die meisten Menschen hören nicht gern Kritik. Sie fühlen sich verletzt und angegriffen und nehmen eine Verteidigungshaltung ein. Kritik kann einen großen Einfluss auf das Selbstbewusstsein der entsprechenden Person

---

[28] Vgl. Fröhlich 1997, S. 135
[29] Vgl. Rosenstiel, Regnet, Domsch, Neumann 2003, S. 276

haben. Das macht den Mitarbeiter sehr sensibel in dieser Angelegenheit. Tonfall, Wortwahl, Körpersprache beeinflussen stark seine überspitzte Wahrnehmung und seine Reaktionen auf die Kritik. Deshalb muss der Vorgesetzte beim Kritikgespräch sehr vorsichtig vorgehen und gut darauf vorbereitet sein. Sein Gesprächsstil spielt dabei eine große Rolle. Das Kritikgespräch kann in drei Formen geführt werden.[30] **Das Stressgespräch** zielt darauf ab, den Gesprächspartner "durch ständige, scharf formulierte (..) Fragen (..) zu verunsichern und dadurch vielleicht zu Geständnissen oder Zugeständnissen zu bewegen."[31] **Das direktive Gespräch** soll dem Mitarbeiter Vorstellungen seines Vorgesetzten von dem erwünschten Verhalten vermitteln. Die Führungskraft geht kaum auf den Mitarbeiter ein. Der Untergebene hat keine Gelegenheit seine Vorstellungen zu äußern. **Das mitarbeiterzentrierte Gespräch** ist dadurch gekennzeichnet, dass die Führungskraft sich an den Äußerungen des Mitarbeiters orientiert. Der Vorgesetzte versucht bei dieser Gesprächsform, den angesprochenen Sachverhalt von der Perspektive des Mitarbeiters zu sehen und sich auf dessen persönliche Sichtweise einzustellen.[32]

---

[30] Vgl. Rosenstiel, Regnet, Domsch, Neumann 2003, S. 255
[31] Rosenstiel, Regnet, Domsch, Neumann 2003, S. 255
[32] Vgl. Rosenstiel, Regnet, Domsch, Neumann 2003, S. 256

Autoritäre Kritik

Laut einer Studie von amerikanischen Wissenschaftlern löst scharfe, autoritäre Kritik ähnliche physische Reaktionen (z.B. Angst) aus, wie ein tätlicher Angriff.[33] Mit autoritärer Kritik werden negativ formulierte Rückmeldungen des Vorgesetzten über das Verhalten eines Mitarbeiters bezeichnet, die darauf abzielen, ihn zu disziplinieren, wobei die Kommunikation nur einseitig ist und die Perspektive des Mitarbeiters im Gespräch unberücksichtigt bleibt. Diese Art von Kritik ist ein Mittel zur Bestrafung des Mitarbeiters. Von ihm wird Gehorsam und sofortige Fehlerbehebung eingefordert[34]: "Wann werden sie endlich diesen Bericht schreiben!", "Ich habe Ihnen zig Mal gesagt, dass Sie mehr aufpassen sollen!" Autoritäre Kritik in Form von direktivem Gespräch oder Stressgespräch hat automatisch destruktive Elemente an sich. Es geht dem Vorgesetzten nicht um partnerschaftliches Zusammenwirken, sondern darum, dem Mitarbeiter seinem Willen aufzuzwingen. Auf der Beziehungsebene empfängt der Mitarbeiter Ablehnung und Demonstration von Macht. Mögliche Reaktionen sind entweder eine Abwehrhaltung in Form von Rechtfertigungen, Widersprechen, starken negativen Affekten oder Unterwürfigkeit, Schuldgefühlen, Gleichgültigkeit.

---

[33] Vgl.
http://www.heinrichmc.de/cms/cms/upload/PDF_Publikationen/Leitfaden_Kritikgesprch.pdf
[34] Vgl. Rosenstiel, Regnet, Domsch, Neumann 2003, S. 255

Personenzentrierte Kritik

Eng verbunden mit der autoritären Kritik ist die personenzentrierte Kritik. Sie tritt oft im Rahmen der autoritären Kritik auf und hat eine noch stärkere negative Wirkung. Personenzentrierte Kritik ist nicht gegen eine bestimmte Handlung gerichtet, sondern gegen die Person des Mitarbeiters. Sie besteht aus Wertungen, Unterstellungen, persönlichen Angriffen, Anspielungen auf Charaktereigenschaften.[35] Die Führungskraft trennt nicht Wahrnehmungen und Vermutungen von Tatsachen. Somit werden dem Mitarbeiter Gründe für sein Verhalten unterstellt, wie z.B. "Ihre Verkaufszahlen sind gesunken, weil Sie zu faul sind und sich um Ihre Kunden überhaupt nicht kümmern!", "Sie machen Fehler, weil sie zu leichtsinnig sind." Der Mitarbeiter fühlt sich angegriffen, erniedrigt, aus dem Kreis der "guten" Arbeiter ausgeschlossen. Das kann seine Motivation und seine Selbstsicherheit stark beeinträchtigen. Die Führungskraft soll nur konkrete Handlungen des Mitarbeiters kritisieren und ihn als Person wertschätzen.

---

[35] Vgl. Kratz 2007, S. 17

Ironische/Sarkastische Kritik

"Ihr Bericht ist äußerst amüsant!

„Es ist nicht so wichtig, dass die Zahlen nicht stimmen."

„Mit ihrem Talent können sie einen Literaturpreis gewinnen!"

Ironie und Sarkasmus in Bezug auf Fehler des Mitarbeiters haben eine schmerzende und demütigende Wirkung. Sie verletzen sein Selbstwertgefühl und zerstören die Beziehung zw. Führungskraft und Mitarbeiter.

Verallgemeinernde Kritik

Verallgemeinerungen wie "ständig", "immer", "nie", "alles" übertragen Einzelfälle auf das gesamte Verhalten des Mitarbeiters und schießen über das Ziel hinaus.[36] Der Kern des Fehlverhaltens wird kaum berührt und die Äußerung wird zu einer personenzentrierten Kritik. Konstruktive Kritik soll nicht verallgemeinernd sein, sondern nur konkretes Verhalten ansprechen.

Kritik in Gegenwart Dritter

Wenn Kritik in Gegenwart Dritter ausgesprochen wird, wird der Widerstand des Mitarbeiters verstärkt. Das

---

[36] Vgl. Kratz 2003, S. 117

Streben nach Anerkennung durch die Umwelt ist ein wichtiges Grundbedürfnis. Wenn der Mitarbeiter vor anderen Menschen kritisiert wird, wird er sich bloßgestellt und erniedrigt fühlen und weniger bereit sein, den Kern der Kritik zu akzeptieren.[37] Kritik sollte unter vier Augen stattfinden, um die Würde des Mitarbeiters nicht zu verletzen.

Kritik auf Distanz

Jede Art von Kritik, die nicht direkt übermittelt wird, ist Kritik auf Distanz. Beispiele dafür sind Kritik am Telefon oder schriftliche Kritik. In diesen Fällen kontrolliert der Vorgesetzte die Situation: er kann jeder Zeit das Gespräch unterbrechen, er wählt den Zeitpunkt, ohne zu wissen, ob der Mitarbeiter in diesem Moment aufnahmefähig für Kritik ist. Nonverbale Signale in der Kommunikation werden vernachlässigt. Manche Führungskräfte kritisieren auf Distanz, um dadurch der direkten Auseinandersetzung zu entkommen und sich die Reaktionen des Mitarbeiters zu ersparen.

Stillschweigende Kritik

Manchen Führungskräften fällt es schwer direkte Kritik auszusprechen und äußern ihre Missbilligung gegen-

---

[37] Vgl. Kratz 2007, S. 19

über einem Mitarbeiter durch stillschweigende Missachtung.[38] Ihnen ist oft nicht klar, dass sie dadurch den Mitarbeiter verunsichern, weil er nicht weiß, was der konkrete Grund für diese Haltung ist. Somit trägt der Vorgesetzte zu keiner Verhaltensänderung bei, weil das Fehlverhalten des Mitarbeiters nicht angesprochen wird.

Gesammelte Kritik

Oft reagiert der Vorgesetzte nicht sofort auf das unerwünschte Verhalten des Mitarbeiters, sondern wartet ab, bis eine Reihe von Fehlern auftreten, damit er sie alle im Rahmen eines einzigen Gesprächs ansprechen kann. Wenn Kritikgespräche aufgeschoben werden, empfindet sie der Mitarbeiter zu einem späteren Zeitpunkt als unangebracht und überflüssig.[39] Es kann schwierig für den Mitarbeiter sein sich an die Gründe für den Fehler und die genauen Umstände zu erinnern. Oder es kann sein, dass der Mitarbeiter sein Fehlverhalten schon längst geändert hat. Deshalb soll Kritik immer unmittelbar nach dem Auftreten des unerwünschten Verhaltens erfolgen.

---

[38] Vgl. Kratz 2007, S.23
[39] Vgl. Kratz 2007, S. 26

Wiederholte Kritik

Ständige Wiederholung von Fehlern aus der Vergangenheit, die schon korrigiert worden sind, hat eine demotivierende Wirkung. Bestimmtes Fehlverhalten, das schon Gegenstand eines Kritikgesprächs war, sollte nur dann wieder angesprochen werden, wenn keine positive Veränderung in den Leistungen des Mitarbeiters trotz geäußerter Kritik eingetreten ist.[40]

4.3. Mitarbeiterorientierte Kommunikationstechniken

Damit Kritik eine konstruktive Wirkung hat, soll die Führungskraft seine sozialkommunikativen Kompetenzen im Rahmen eines mitarbeiterzentrierten Gesprächs einsetzen. Kritikgespräche, die das Ziel haben eine positive Verhaltensänderung beim Mitarbeiter zu bewirken, sollen bewusst geführt werden, indem die Wahrnehmungsprozesse und Bedürfnisse des Mitarbeiters im Mittelpunkt stehen. Die Führungskraft soll auf die verschiedenen Aspekte der Kommunikation achten und durch Einsatz gesprächsfördern-der Techniken zum konstruktiven Ablauf des Kritikgesprächs beitragen.

---

[40] Vgl. Ebenda, S. 27

4.3.1. Aktives Zuhören

In Kritikgesprächen ist es besonders wichtig dem Mitarbeiter die Gelegenheit zu geben sich zu seinem Fehler zu äußern. Autoritäre Kritikgespräche sind Monologe des Vorgesetzten, der die Perspektive des Mitarbeiters völlig missachtet. Aktives Zuhören ist eine der wichtigsten Voraussetzungen für ein gelungenes Kritikgespräch. Nur so kann Kommunikation gegenseitig sein. Die Fähigkeit sich in die Gedanken des anderen hineinzuversetzen, hilft Missverständnisse im Gespräch zu vermeiden, verbessert und vertieft die Beziehungsebene zwischen den Gesprächspartnern und gibt das Gefühl, dass man verstanden wird und dem anderen vertrauen kann.

Aktives Zuhören besteht aus drei Ebenen: 1. Aufnehmendes, 2. Umschreibendes und 3. Aktives Zuhören.[41]

- **Auf der ersten Ebene** signalisiert der Vorgesetzte durch regelmäßigen Augenkontakt, zugewandte Körperhaltung, anteilnehmende Bemerkungen wie "aha", "hm", "ich verstehe" u.ä. und entsprechenden Tonfall, dass er die Äußerungen des Mitarbeiters wahrnimmt und ihm aufmerksam zuhört.

- **Auf der zweiten Ebene** versucht der Vorgesetzte das Gehörte zu paraphrasieren, d.h. mit eigenen Worten wiederzugeben. So kann der Mitarbeiter erfahren, wie

---

[41] Vgl. Folien zur Vorlesung Konfliktmanagement FH Köln, Dendorfer 2009, Ilias-Portal

seine Botschaft beim Vorgesetzten angekommen ist und ggf. Missverständnisse klären.

- Auf der dritten Ebene umfasst das Zuhören auch das Widerspiegeln von mitschwingenden Gefühlen und das Stellen von Rückfragen. Der Vorgesetzte versucht die Gründe für die Äußerungen des Mitarbeiters, deren Bedeutung für den Mitarbeiter und die damit verbundenen Gefühle zu erfassen. Seine Vermutungen verbalisiert er durch entsprechende Rückfragen wie z.B.:

"Habe ich Sie richtig verstanden, dass...?";

"Ist Ihnen wichtig, dass..?"

"Und Sie haben das Gefühl, dass..";

"Könnte es sein, dass..?"[42] u.ä.

Somit signalisiert der Vorgesetzte dem Mitarbeiter Offenheit, Aufmerksamkeit und Interesse an seiner Meinung.

4.3.2. Nonverbale Signale

In Kritikgesprächen sollen die nonverbalen Signale des Vorgesetzten Vertrauen und Wertschätzung auf der Beziehungsebene vermitteln. Wenn Mitarbeiter kritisiert werden, ist ihr Beziehungsohr sehr sensibel. Nonverbale

---

[42]Vgl. Folien zur Vorlesung Konfliktmanagement FH Köln, Dendorfer 2009, Ilias-Portal

Signale, die Ablehnung, Herabsetzung und Dominanz demonstrieren, werden die Wahrnehmung des Mitarbeiters stark belasten und ihn unempfänglich für Kritik machen. Theo Gehm beschreibt den Blickkontakt als eines der wirksamsten nonverbalen Zeichen. Einerseits kann er das Gespräch aufrecht erhalten, da er zum Sprechen auffordernd wirkt, andererseits kann er einengend und bedrückend wirken und das Gespräch er-schweren, da sich der Gesprächspartner unter Druck gesetzt fühlt.[43]

Der *Blickkontakt* sollte in Kritikgesprächen offen, interessiert, aber nicht starrend sein. Die Mimik ist auch ein wichtiger Aspekt der Körpersprache in Kritikgesprächen. Signalen, die mit dem Gesicht ausgedrückt werden, ist eine große Bedeutung zuzuschreiben. Bei der Entschlüsselung von Nach-richten werden diese Signale bewusst oder unbewusst mit bewertet. Ein freundlicher Gesichtsausdruck signalisiert Kooperationsbereitschaft und eine positive Haltung zum Mitarbeiter.

Der Mitarbeiter soll das Kritikgespräch nicht als Strafe wahrnehmen, sondern als gut gemeintes Feedback von seinem Vorgesetzten mit der Absicht ein positives Ergebnis für beide Seiten zu erzielen. Eine aufrechte und leicht nach vorn gebeugte Körperhaltung kann dem Mitarbeiter Interesse signalisieren, währenddessen ver-

---

[43] Vgl. Gehm 2006, S.35

schränkte Arme oder Beine eher eine Abwehrhaltung des Vorgesetzten vermitteln.

Auch die *Stimme* verrät viel über die Beziehung der Führungs-kraft zum Mitarbeiter. Sie gibt enorme Möglichkeiten Botschaften zu unter-streichen und zu verstärken. Lautstärke, Stimmlage, Tempo, Sprechpausen sollen eine ruhige und konstruktive Gesprächsatmosphäre schaffen, damit sich der Mitarbeiter auf die Kernpunkte der Kritik konzentrieren kann.[44]

4.3.3. Ich-Botschaften

Die wichtigste Grundlage der konstruktiven Kritikgespräche sind die sogenannten Ich-Botschaften. Als solche bezeichnet man Botschaften, in denen der Sender seine Gefühle und Gedanken mitteilt. Der Vorteil im Umgang mit dieser Gesprächsführungstechnik ist, dass das mit Ich-Botschaften Gesagte nicht einfach umstritten werden kann, weil die Botschaft lediglich Empfindungen des Senders der Botschaft wiedergibt.[45]

Ich-Botschaften enthalten eine Selbstoffenbarung des Senders wohingegen Du-Botschaften meist wie ein Vorwurf wirken.[46] Personenzentrierte Kritik macht Schuldzuweisungen, Unterstellungen und Vorwürfe in Form

---

[44] Vgl. Gehm 2006, S.50f.
[45] Vgl. Gehm, 2006, S. 122.
[46] Vgl. Schulz von Thun, 1998, S. 131.

von Du-Botschaften. Eine Aus-sage wie: "Sie sind sehr unkonzentriert, weil sie ständig mit Ihren Kollegen schwätzen!" wird sich auf den Verlauf eines Kritikgesprächs mit Sicherheit problematischer auswirken als „Ich mache mir um Ihre Arbeitsleistung Sorgen, wenn Sie so viel Zeit mit Ihren Kollegen verbringen."[47] Ich-Botschaften trennen Wahrnehmung von Tatsachen und betonen den Aspekt der Selbstoffenbarung: die eigenen Gefühle, Gedanken und Vermutungen werden mitgeteilt. Diese Selbstoffenbarung kann positive Auswirkungen auf die Offenheit und Vertrautheit der Gesprächspartner haben, da sie ehrlich und direkt ist, ohne dabei jemanden zu verletzen oder anzugreifen.[48]

4.4. Gesprächsvorbereitung

Da Kritikgespräche zu den schwierigsten Mitarbeitergesprächen zählen, braucht der Vorgesetzte gute Vorbereitung. Schon vor dem Gespräch sollte er sich Gedanken über Ablauf, Inhalt, Ziel und mögliche Wirkung des Kritikgesprächs machen. Nachfolgend stellen wir die wichtigsten Stufen der Gesprächsvorbereitung dar.

---

[47] Vgl. Kratz 2007
[48] Vgl. Schulz von Thun, 1998, S. 134 f.

Notwendigkeit prüfen

Ein Anlass zur Kritik lässt sich immer finden. Aber wenn das Kritikgespräch schon bei der geringsten Kleinigkeit eingesetzt wird, verliert es seine Wirkung und demotiviert den Mitarbeiter. Der Vorgesetzte muss genau prüfen, ob das Fehlverhalten des Mitarbeiters einen berechtigten Grund für Kritik darstellt. Er sollte auch überlegen, ob seine Anforderungen an den Mitarbeiter realistisch waren. Unrealistische Ziele können im Rahmen eines Zielvereinbarungsgesprächs diskutiert werden, indem ein neues Soll-Maßstab vereinbart wird.[49]

Klärung der Sachebene

In Kritikgesprächen ist es besonders wichtig den konkreten Beanstandungspunkt auf der Grundlage von Fakten und mit sachlichen Argumenten vorzutragen. Die Führungskraft sollte konkrete Beispiele und Beobachtungen zusammentragen und den Kern der Kritik definieren. Das Problem sollte aus vier Perspektiven betrachtet werden: Häufigkeit, Ausdrucks-formen, situativer Kontext und Konsequenzen des Leistungsmangels.[50]

---

[49] Vgl. Benien 2003, S. 50
[50] Vgl. Benien 2003, S. 52

Klärung der Selbstoffenbarungsebene

Auf dieser Ebene geht es darum, welche Maßstäbe und Wertvorstellungen des Vorgesetzten hinter der Kritik stehen.[51] Um objektive Tatsachen und subjektive Meinungen voneinander zu trennen, sollte die Führungskraft seine eigene Wahrnehmung in Bezug auf das Verhalten seines Mitarbeiters reflektieren. Er sollte sich fragen, wie realistisch seine Einschätzung ist, welche Gefühle oder Erwartungen könnten seine Wahrnehmung verzerren. Falls Vorurteile, Halo-Effekte oder Andorra-Phänomene eine Auswirkung auf seine Beurteilung haben, sollte der Vorgesetzte sich diese Verzerrung bewusst machen. Nicht zuletzt ist in einem Kritikgespräch ein gewisses Maß an Selbstoffenbarung erforderlich. Die Offenheit des Vorgesetzten wird den Mitarbeiter ermutigen offener über seine Hintergründe und Motive zu sprechen.[52]

Klärung der Beziehungsebene

Die Führungskraft sollte überlegen, was er im Gespräch tun kann, um eine gute Gesprächsatmosphäre zu ermöglichen.[53] Die wichtigsten Aspekte der Beziehungsebene im Rahmen des mitarbeiterzentrierten Gesprächs wurden im vorigen Kapitel erläutert. Kommunikationstech-

---

[51] Vgl. Ebenda, S. 54
[52] Vgl. Ebenda, S. 54
[53] Vgl. Ebenda, S. 55

niken wie aktives Zuhören, Ich-Botschaften, positive nonverbale Signale fördern eine partnerschaftlich-kooperative Beziehung im Kritikgespräch.

Klärung der Appellebene

Auf dieser Ebene muss das konkrete Ziel des Kritikgesprächs festgelegt werden. Was will der Vorgesetzte beim Mitarbeiter erreichen? Welche Verhaltensänderungen sind realistisch? Was kann er tun, um diese Änderungen zu fördern?[54] Er sollte auch überlegen, wie er den Mitarbeiter beeinflussen kann. Beeinflussung durch Macht würde den Mitarbeiter nicht motivieren, weil er aus Zwang handeln würde. Er sollte den Mitarbeiter dazu bewegen selbst eine Problemlösungsstrategie zu finden.

Klärung der Perspektive des Mitarbeiters

Die Führungskraft sollte versuchen sich in die Position des Mitarbeiters hineinzuversetzen, um herauszufinden, wie er zu dem Problem steht, wie er auf die Kritik reagieren könnte und welche Argumente er vermutlich vorbringen wird. [55] Weitere wichtige Fragen sind: Welche Merkmale der Situation können den Vorfall begüns-

---

[54] Vgl. Benien 2003, S. 59
[55] Vgl. Ebenda, S. 62

tigt haben? Welche Besonderheiten der Tätigkeit können Ursachen des Vorfalls sein? Welche persönliche Gründe, außer mangelnder Anstrengung, können für den Vorfall relevant sein? Welche Erwartungen, Bedürfnisse und Ansprüche hat der Mitarbeiter? Es ist für den Vorgesetzten von großem Vorteil, wenn er auch Informationen über die Sozialisation und frühere Erfahrungen des Mitarbeiters hat, damit er sein Verhalten besser interpretieren kann.

Rahmen klären und organisieren

Der letzte Vorbereitungsschritt besteht in der Festlegung von einem geeigneten Zeitpunkt für das Gespräch. Der Vorgesetzte sollte den Zeitrahmen vorsichtig planen, um Zeitdruck zu vermeiden.[56] In Kritikgesprächen ist es besonders wichtig, dass sie unter vier Augen, in einer ruhigen Atmosphäre stattfinden, damit der Mitarbeiter und die Führungskraft möglichst stressfrei sein können.

---

[56] Vgl. Kratz 2007, S. 44

4.5. Durchführung des Kritikgesprächs
4.5.1. Anfangsphase

Bei der Gesprächseröffnung geht es darum, eine positive Atmosphäre für den weiteren Verlauf des Kritikgesprächs zu schaffen. Die Anfangsphase bestimmt in hohem Maße, ob der Mitarbeiter sich für die Kritik öffnet und sich auf eine konstruktive Auseinandersetzung mit dem Problem einlässt.[57] Wenn der Großteil der Leistungen des Mitarbeiters zufrieden stellend ist, und nur Einzelaspekte seiner Arbeit Gegenstand des Kritikgespräches sind, kann der Vorgesetzte in der Anfangsphase zuerst das Positive würdigen. Positives Feedback sollte aber kurz und angemessen sein, denn es besteht die Gefahr, dass der Mitarbeiter den Eindruck bekommt, dass der Anlass des Gesprächs das positive Feedback ist. Wenn er später bemerkt, dass es um einen Kritikgespräch geht, wird dies bei ihm Misstrauen und Verärgerung auslösen. Deshalb sollte die Führungskraft nach der Gesamtwürdigung höflich und direkt den Anlass und das Ziel des Gesprächs benennen.

---

[57] Vgl. Benien 2003, S. 206

4.5.2. Informationsphase

Nach Benien wird die Informationsphase in drei Schritten gegliedert: Konfrontation, Würdigung des positiven Kerns und Wunschformulierung.[58] **-- Im ersten Schritt** wird das Problem klar und sachlich dargestellt. Die Ausdrucksformen, Häufigkeit und der situative Kontext des Fehlverhaltens werden kurz und präzise geschildert. Dann werden die sich daraus ergebenden Konsequenzen für die Zusammenarbeit und das Leistungsergebnis des Mitarbeiters vorgetragen. Es ist wichtig, dass der Vorgesetzte sich auf konkrete Fakten statt auf Annahmen und Vermutungen bezieht.[59] Er sollte nur den bestimmten Beanstandungspunkt ansprechen und Verallgemeinerungen wie "immer" und "nie" vermeiden.[60]

Ein Beispiel für Formulierung aus der Konfrontationsphase ist folgende Aussage: "In der Diskussion vorhin haben Sie sehr starr an Ihrer Meinung festgehalten. Ich habe dieses Verhalten bei Ihnen in bestimmten Situationen beobachtet, wenn einer Ihrer Kollegen ihnen widerspricht. Da sie die Grenzen der Höflichkeit überschreiten, beleidigen Sie die anderen Mitarbeiter, was zu einer Verschlechterung der Zusammenarbeit führt."

---

[58] Vgl. Ebenda, S. 210
[59] Vgl. Ebenda, S. 208
[60] Vgl. Ebenda, S. 209

- **Im 2. Schritt** wird der positive Kern der Eigenschaft, die kritisiert wird, gewürdigt: "Das belegt Ihre Standfestigkeit bei Angriffen auf Ihre Meinung."[61]

- **Im letzten Schritt** sollte der Vorgesetzte klar das erwünschte Verhalten formulieren: "Ich möchte, dass Sie in solchen Situationen wie vorhin künftig mehr Kompromissbereitschaft zeigen, ohne jedoch übertriebene Nachgiebigkeit zu demonstrieren."[62]

4.5.3. Argumentationsphase

Nachdem der Vorgesetzte den Kern der Kritik benannt hat, wird dem Mitarbeiter die Gelegenheit gegeben sich zu seinem Verhalten zu äußern. Durch aktives Zuhören soll die Führungskraft versuchen eine gesprächsfördernde Atmosphäre zu schaffen, damit der Mitarbeiter sich öffnen kann und etwas über die Hintergründe seines Fehlverhaltens aussagen kann. Der Vorgesetzte sollte sich bemühen die echten Motive für das problematische Verhalten zu ergründen. Die Hypothesen, die er in der Vorbereitungsphase gebildet hat, sollte er als Vermutungen äußern und sich zusammen mit dem Mitarbeiter auf der Suche nach einer gemeinsamen Sichtweise des Problems machen.

---

[61] Benien 2003, S. 210
[62] Ebenda, S. 210

Bei passender Gelegenheit sollte er die wichtigsten Informationen aus dem Gespräch zusammenfassen, die unterschiedlichen Auffassung benennen und die Übereinstimmungen betonen.[63]

4.5.4. Beschlussphase

In der Beschlussphase werden Lösungsstrategien besprochen. Der Mitarbeiter sollte das Bewusstsein haben, dass er die Verantwortung für die Lösung des Problems trägt. Er ist derjenige, der aktiv handeln muss, um eine Veränderung zu erzielen. Der Vorgesetzte sollte sich zuerst zurückhalten und versuchen den Mitarbeiter anzuregen selbst nach Lösungsideen zu suchen. Strategien, die der Mitarbeiter selbst erarbeitet hat, werden mit größerer Wahrscheinlichkeit realisiert, als fertige Lösungen vom Vorgesetzten.[64] Verhaltensweisen, die schon ausprobiert wurden und nicht zum gewünschten Ergebnis führen, können ausgeschlossen werden. Die Führungskraft sollte den Mitarbeiter helfen das Problem von anderen Perspektiven als bisher zu sehen, damit er neue Handlungsalternativen selbst entwickelt. Durch gezielte Fragetechniken kann der Vorgesetzte die Kreativität des Mitarbeiters anregen. Offene Fragen fordern eine inhaltliche und persönliche Beteiligung. Alle W-Fragen sind offene Fragen (wie, was, wann, usw.) Die

---

[63] Vgl. Benien 2003, S. 212
[64] Vgl. Benien 2003, S. 213

antwortende Person muss die Antwort selbst strukturieren und formulieren und wird dazu aufgefordert, sich zu öffnen und ihre Ansichten darzustellen. Da offene Fragen eine unbegrenzte Anzahl von Antworten implizieren, eröffnen sie dem Antwortenden neue Sichtweisen. Je mehr das Problem von verschiedenen Seiten betrachtet wird und Lösungen generiert werden, desto mehr kann der Weg zur Zielerreichung definiert werden.[65]

Die Führungskraft sollte in dem Mitarbeiter motivationsfördernde Rahmen-bedingen zur Verfügung stellen, damit er sich selbst motivieren kann. Beide müssen am Ende dieser Phase zu einem gemeinsamen Beschluss kommen, indem sie ein positiv formuliertes, realistisches, verständliches, messbares und motivierendes Ziel vereinbaren.

4.5.5. Abschlussphase

In der Abschlussphase sollte der Vorgesetzte die wichtigsten Erkenntnisse aus dem Gespräch und die getroffenen Vereinbarungen zusammenfassen, um sicher zu stellen, dass sie von beiden Seiten eindeutig verstanden wer-den. Er sollte auch in einem freundlichen Ton verdeutlichen, dass er vom Mitarbeiter erwartet, dass er sich an den Vereinbarungen aus dem Gespräch in Zu-

---

[65]Vgl. Wahren 1987, S. 138

kunft halten wird. Um einen positiven letzten Eindruck vom Gespräch beim Mitarbeiter zu hinterlassen, sollte er das Gespräch positiv und ermutigend abschließen mit Formulierungen wie z.B.: "Ich zweifle nicht daran, dass Sie es schaffen..."; Wenn Sie wie gerade besprochen vorgehen, werden Sie ähnliche Situationen künftig gut meistern."

4.5.6. Nacharbeitung

Der Vorgesetzte kann in der Abschlussphase einen Zeitpunkt für ein Folgegespräch vereinbaren, um herauszufinden wie sich das Verhalten des Mitarbeiters entwickelt hat und ob er sich an den Vereinbarungen gehalten hat. Falls nicht, sollte geprüft werden, was der Grund dafür war: mangel-hafte Motivation, unrealistisches Ziel oder externe Faktoren, auf die Mitarbeiter keinen Einfluss hatte. Je nach Situation können eventuell neue Zielvereinbarungen getroffen werden. Wenn der Mitarbeiter die erwünschte Entwicklung zeigt, sollte die Führungskraft die Leistungsveränderung durch positive Verstärkung fördern.

5.   Fazit

Ohne die Möglichkeit die Fehler der Mitarbeiter zu korrigieren wären Führungskräfte unfähig die Arbeitsprozesse im Unternehmen zu steuern. Damit die Leistungen der Mitarbeiter auf die Unternehmensziele ausgerichtet werden, muss der Vorgesetzte deren Verhalten mithilfe von geeigneten Kommunikationsmittel in die gewünschte Richtung lenken.

Somit ist Feedback, bzw. Kritik eines der wichtigsten Führungsinstrumente, das eine direkte Auswirkung auf die Leistungen der Mitarbeiter, das Arbeitsklima, die Arbeitszufriedenheit und den Unternehmenserfolg hat. Führungskräfte, die ihre Mitarbeiter konstruktiv über ihre Fehler informieren, gemeinsame Lösungsstrategien mit Ihnen entwickeln, sie dabei unterstützen und fördern, erhöhen die Motivation ihrer Mitarbeiter und tragen zu einer positiven Beziehung auf der menschlichen Ebene bei.

Kritikgespräche gehören aber zu den psychologisch schwierigsten Mitarbeitergesprächen. Es fällt oft beiden Seiten schwer mit Kritik umzugehen. Deshalb ist oft das Ergebnis eines Kritikgesprächs das Gegenteil von dem, was der Vorgesetzte erreichen wollte: ein resignierter, beleidigter und demotivierter Mitarbeiter und keine dauerhafte positive Veränderung des unerwünschten Verhaltens. Vorgesetzte, die eine autoritäre Beziehung zu ihren Mitarbeitern aufbauen und versuchen ihr Verhalten durch Macht und direktive Kommunikation zu beeinflussen benutzen Kritik als Bestrafung und versuchen dem Mitarbeiter Lösungen aufzuzwingen, die er ungern und nur aus Zwang akzeptiert. Durch personenzentrierte Kritik werden Mitarbeiter häufig auf der menschlichen Ebene angegriffen, für unfähig erklärt und aus dem Kreis der guten Mitarbeiter ausgeschlossen. Das Gegenteil ist aber genauso destruktiv: Führungskräfte, die Kritikgespräche aufschieben, weil sie ihnen unangenehm sind, wollen keine Verantwortung übernehmen. Durch ihr schweigendes Missachten oder Kritik auf Distanz verunsichern sie den Mitarbeiter und tragen zu keiner Verbesserung des Verhaltens bei, weil die Leistungsmängel nicht angesprochen werden.

Es gibt unzählige Kommunikationsfehler, die der Vorgesetzte im Kritikgespräch machen kann. Da die Wahrnehmung des Mitarbeiters beim Kritisieren überspitzt ist, reagiert er intensiver auf diese Fehler als in anderen Kommunikationssituationen. Deshalb sollte die Führungskraft mitarbeiterorientierte Kommunikationstechniken im Gespräch bewusst einsetzen. Aktives Zuhören, Ich -Botschaften und eine gesprächsfördernde Körpersprache sind wichtige Voraussetzung für die Gestaltung eines konstruktiven Kritikgesprächs.

Die Führungskraft sollte sich auch gut auf den Gesprächsverlauf vorbereiten. Er sollte das Fehlverhalten präzise definieren, seine eigenen Erwartungen und Wahrnehmungen gegenüber dem Mitarbeiter reflektieren und das Ziel des Gesprächs klären. Er sollte versuchen die Perspektive des Mitarbeiters zu verstehen und bereit sein sich auf seine Sichtweise einzulassen. Das Kritikgespräch sollte er in einer ruhigen Atmosphäre ohne Zeitdruck und wahrnehmungsstörende Signale stattfinden.

Das Gespräch soll gegliedert und systematisch sein. Nachdem die Führungskraft das Problem sachlich und präzise ohne Wertungen, Vermutungen oder Unterstellungen benannt hat, sollte er dem Mitarbeiter die Gelegenheit geben, selbst nach einer Lösung zu suchen und ihn dabei unterstützen. Die Verantwortung und Selbstmotivation des Mitarbeiters bei der Problemlösung sollen gefördert werden.

Zum Abschluss des Kritikgesprächs sollen realistische Ziele gesetzt und Vereinbarungen getroffen werden. Erfolgreiche Kritikgespräche tragen in hohem Maße zur persönlichen Weiterentwicklung des Mitarbeiters bei. "Ein Vorgesetzter, der - in realistischem Rahmen - Hoffnungen in seinen Mitarbeitern investiert, gute Leistungen anerkennt, unerwünschtes Verhalten vorsichtig und konstruktiv korrigiert, wird Selbstsicherheit bei ihm stärken und ihn langfristig zu einem besseren Mitarbeiter machen."[66]

---

[66] Rosenstiel 2003, S. 273

6. Literaturverzeichnis

Argyle, M.: Körpersprache und Kommunikation, 2. Auflage, Paderborn, Junfermann Verlag 1982, S. 117f

Benien, K.: Schwierige Gespräche führen. Modelle für Beratungs-, Kritik- und Konfliktgespräche im Berufsalltag, 5. Auflage, Reinbek bei Hamburg, Rowohlt Verlag 2008, S. 50, 52, 54, 55, 59, 62, 206, 208-213

Bullinger, H.J., Warnecke, H.J., Westkämper, E.: Neue Organisationsformen im Unternehmen, Heidelberg, Springer Verlag 2003, S. 371

Corneli, G., Rosenstiel, L.: Führung durch Motivation, Vahlen Verlag 2001, S. 45

Dendorfer, R.: Konfliktmanagement FH Köln, Folien zur Vorlesung 04.04.2009, PowerPoint- Präsentation, Ilias-Portal, letzter Zugriff: 28.06.2009

Fröhlich, P.: Kritisieren - aber richtig, München, Neuer Merkur Verlag 1997, S. 135

Gehm, T.: Kommunikation im Beruf: Hintergründe, Hilfen, Strategien, 4. Auflage, Weinheim / Basel, Beltz Verlag, 2006. S. 35, S. 50f, S. 122

Köck, P., Ott, H.: Wörterbuch für Erziehung und Unterricht, Donauwört, Ludwig Auer Verlag 1994, S.14,

Kratz, H.J.: Chefcheckliste Mitarbeiterführung, 3. Auflage, Metropolitan Verlag 2003, S. 117

Kratz, H.J.: Dreißig Minuten für konstruktives Kritisieren und Anerkennen, Offenbach, Gabal Verlag 2007, S. 17, 19, 20, 23, 26, 27, 44

Laufer, H.: Grundlagen erfolgreicher Mitarbeiterführung: Führungspersönlichkeit - Führungsmethoden - Führungsinstrumente, 6. Auflage, Gabal Verlag 2009, S. 145

Lorenz, M., Rohrschneider, U.: Praktische Psychologie für den Umgang mit Mitarbeitern: Die vier Mitarbeitertypen führen, Haufe, Campus Verlag 2008, S. 202

Mentzel, W., Grotzfeld, S., Haub, C.: Mitarbeitergespräche, 6. Auflage, Rudolf Haufe

Verlag, 2006, S. 13, S. 20f

Pawlowski, K., Riebensahm, H: Konstruktiv Gespräche führen, Reinbek bei Hamburg, Rowohlt Taschenbuch Verlag, S. 325 f

Petz, M.F.: Führen - Fördern - Coachen. Wie man Mitarbeiter zum Erfolg führt, Wien, 3. Auflage, Wirtschaftsverlag Ueberreuter 2002, S. 11

Rosenstiel, L., Regnet, E., Domsch, M.E, Neumann, P: Führung von Mitarbeitern, 5. Auflage, Stuttgart, Schäffrer-Poeschel Verlag 2003, S. 255, 256, 270, 272, 273, 276

Rosenstiel, L, Molter, W., Rüttinger, B.: Organisations-psychologie, 9. vollst. überarb. und erw. Auflage, Stuttgart, Kohlhammer Verlag 2005, S. 313

Sabel, H.: Sprechen Sie mit Ihren Mitarbeitern, Bamberg, Bayerische Verlagsanstalt 1993, S. 100, S. 93

Schulz von Thun, F.: Miteinander reden: Störungen und Klärungen, Psychologie der zwischenmenschlichen Kommunikation, Reinbek bei Hamburg, Rowohlt Verlag 1981, S. 14

Schulz von Thun, F.: Miteinander Reden 1+2: Störungen und Klärungen + Stile, Werte und Persönlichkeitsentwicklung, Sonderausgabe, Reinbek bei Hamburg, Rowohlt Verlag, 1998, S. 131, S. 134 f.

Wahren, H.K..: Zwischenmenschliche Kommunikation und Interaktion in Unternehmen: Grundlagen, Probleme und Ansätze zur Lösung, Berlin, Walter de Gruyter Verlag 1987, S. 29, 96, 99, 100, 116, 103, 138

Watzlawick, P., Beavin, J.H., Jackson, D.D.: Menschliche Kommunikation, Formen, Störungen, Paradoxien, 5. Auflage, Bern, Huber Verlag 1980, S. 53

6.1. Internetseiten

http://www.iim.uni-
flens-
burg.de/ao/upload/lehre/WiSe0708/Handout_zum_The
maENDE. (letzter Zugriff: 28.06.2009)

http://www.heinrichmc.de/cms/cms/upload/PDF_Publik
ationen/Leitfaden_Kritikgesprch.pdf   (letzter   Zugriff
28.06.2009)

Printed in Poland
by Amazon Fulfillment
Poland Sp. z o.o., Wrocław